Anselm Grün

Mit ruhigem Herzen

W0229264

Anselm Grün

Mit ruhigem Herzen

Das kleine Buch
für Freude und Gelassenheit

HERDER

FREIBURG · BASEL · WIEN

Titel der Originalausgabe: Mit ruhigem Herzen
© 2007 Verlag Kreuz GmbH

Alle Rechte vorbehalten
© Verlag Herder, Freiburg im Breisgau 2009
www.herder.de

Umschlaggestaltung und -konzeption:
R·M·E München/Roland Eschlbeck, Liana Tuchel
Umschlagmotiv: © Getty Images/Frank Krahmer
Satz: Dtp-Satzservice Peter Huber, Freiburg
Herstellung: fgb · freiburger graphische betriebe
www.fgb.de

Gedruckt auf umweltfreundlichem,
chlorfrei gebleichtem Papier
Printed in Germany

ISBN 978-3-451-06013-7

Inhalt

Kapitel 1

Der wahren Freude auf der Spur

Mediziner und Psychologen sagen uns, dass
die Freude einen Menschen gesund machen
kann. Wer sich freut, dessen Herz wird weit
und lebendig. Doch was hilft die gesund-
machende Wirkung der Freude dem, der voller Trauer ist, der in sich keine Freude vorfin-
det? Ich kann mich nicht auf Befehl freuen.
Und doch ist in jedem nicht nur Traurigkeit.
Wenn ich einen Menschen begleite, höre
ich mir alle seine Verletzungen an und gehe
darauf ein. Aber ich bin überzeugt, dass in
jedem Menschen auch ein Raum der Freude
ist. Oft ist dieser innere Raum der Freude
verschüttet von unseren Sorgen und Problemen. Aber jeder hat sich zumindest als Kind
einmal darüber gefreut, was ihm gelungen
ist, was ihm geschenkt worden ist. Es ist heil-
sam, sich an die Erfahrungen von Freude zu

erinnern. Daher lade ich die Menschen, die ich begleite, immer wieder ein, nach den Spuren der Freude in ihrer Lebensgeschichte zu suchen. Wer mit den Spuren der Freude in Berührung kommt, der wird in sich eine neue Lebendigkeit und Freiheit erfahren, Leichtigkeit und Heiterkeit. Und er wird spüren, wie das nicht nur seiner Seele, sondern auch seinem Leib gut tut. Er wird in sich wieder Lust am Leben entdecken.

Wie können wir die Spuren der Freude in uns finden? Der Weg führt über die eigene Freudenbiografie, die Verena Kast als Therapeutin vorschlägt: Schaue Bilder aus deiner Kindheit an und versuche, in deinem Gesicht die Spuren der Freude wahrzunehmen! Erinnere dich an Situationen, in denen du dich freuen konntest! Welche Menschen haben in dir Freude ausgelöst? Wie hast du als Kind deine Freude ausgedrückt? Und was ist aus der Freude geworden, die du als Kind immer wieder gefühlt hast? Versuche mit der Freude in Berührung zu kommen, die dir in deinen Kinderbildern entgegenkommt. Die Freude ist in dir, auf dem Grund deiner Seele, auch wenn du dich momentan davon abgeschnitten fühlst, auch wenn du gerade traurig und enttäuscht bist.

Der griechische Philosoph Aristoteles versteht die Freude als Ausdruck eines erfüllten Lebens. Man kann die Freude nicht direkt in sich hervorrufen. Aber wenn ich ein erfülltes Leben führe, wenn ich kreativ bin, wenn ich mich ganz auf das Leben einlasse, dann wird mein Herz mit Freude erfüllt. Mein Herz reagiert mit Freude, wenn mir etwas gelingt, wenn ich in einem Gespräch mit einem Freund etwas berühre, was mich innerlich bewegt und weitet. Diese Einsicht des griechischen Philosophen bedeutet für mich, dass ich aufhöre darüber zu jammern, dass es so wenig gibt, worüber ich mich freuen kann. Aristoteles lädt mich ein, die Lebendigkeit in mir zuzulassen, bewusst zu leben, kreativ zu sein, mit mir selbst in Einklang zu sein und die eigenen Fähigkeiten und Möglichkeiten zu entfalten. Dann wird sich die Freude von alleine einstellen.

Ein anderer Weg, der Spur der Freude zu folgen, ist, die kleinen Freuden des Alltags bewusst wahrzunehmen. Indem ich dankbar genieße, was mir der Alltag an Freuden bietet, wird in mir die Freude wachsen. Jeden Tag gibt es genug Gelegenheiten, mich zu freuen. Da ist der freundliche Blick der Verkäuferin, der mich mit Freude erfüllt. Da ist der wunderbare Sonnenaufgang. Da ist die Frühlingssonne, die die Kälte aus meinem Herzen vertreibt. Da gelingt mir ein Gespräch. Ich habe das Gefühl, im Gespräch das Herz des anderen berührt zu haben. Ich komme in Berührung mit der Freude, die auf dem Grund meines Herzens bereitliegt, um immer wieder geweckt zu werden.

Nur der wird wirklich mit seiner Freude in Berührung kommen, der auch bereit ist, die

negativen Erfahrungen seines Lebens anzuschauen. Zur Freude gehört auch die Trauer.
Wer sich weigert, der eigenen Traurigkeit,
dem eigenen Schmerz über Kränkungen,
dem bedrückenden Alleinsein und Allein-
gelassenwerden ins Auge zu schauen, der
wird auch keine Freude erleben. Er wird ständig in Angst leben, dass er von depressiven
Gefühlen eingeholt wird. Nur wer alle Gefühle zulässt und ihnen auf den Grund geht,
wird in seinem Innern auch die Freude finden, die unter allem Ärger, aller Eifersucht,
aller Angst und Wut als Grundstimmung
bereitliegt. Ich darf mich nicht unter Gefühls-
druck stellen, als ob ich mich immer freuen
müsste. Nur wenn ich mir erlaube, auch einmal traurig, ängstlich und hilflos zu sein,
werde ich auch die Freude in mir entdecken.

Die Kirchenväter sprechen von der immer-
währenden und unzerstörbaren Freude, die
uns Christus geschenkt hat. Das heißt nicht,
dass ich mich immer und überall freuen

müsste. Die Kirchenväter sind vielmehr überzeugt, dass in uns ein Raum der Stille ist, in dem Christus wohnt. Und dort, wo Christus in mir wohnt, ist auch die Freude. Jesus spricht im Johannesevangelium von der vollkommenen Freude, die er uns schenkt. Es ist eine Freude jenseits aller Gefühle, eine Freude, die nicht von dieser Welt ist und daher auch von dieser Welt nicht zerstört werden kann. Die vollkommene Freude, von der Jesus spricht, ist der Widerschein Gottes in meiner Seele.

Im Gebet komme ich mit dieser Freude in Berührung. Aber ich weiß, dass ich diese Freude nicht festhalten kann. Sie wird immer wieder auch den Gefühlen von Trauer und Angst weichen. Doch in der Tiefe meines Herzens bin ich überzeugt, dass in mir diese vollkommene, unzerstörbare, unvergängliche Freude ist, die von Gott kommt, der in mir wohnt. Jesus verheißt uns diese Freude mitten im Kummer, mitten im Schmerz über die Erfahrung von Verlassenheit und Angst: „Euer Herz wird sich freuen, und niemand nimmt euch eure Freude" (Johannes 16, 22).

Die Bibel weiß um die gesund machende Wirkung der Freude. Die Freude verändert sogar das Aussehen des Menschen: „Ein fröhliches Herz macht das Gesicht heiter" (Sprüche 15, 13). Einem fröhlichen Menschen sieht man gerne ins Gesicht. Die Freude zeigt die innere Schönheit eines Menschen. Wer sich freut, spürt auch die positiven Auswirkungen auf seinen Leib: „Ein fröhliches Herz tut dem Leib wohl, ein bedrücktes Gemüt lässt die Glieder verdorren" (Sprüche 17, 22).

Jesus Sirach, der alttestamentliche Weisheitslehrer, singt das Lob der Freude. Er hat ein Gespür für die kleinen Freuden des Alltags, für die Freude an der Schönheit der Schöpfung, an den Wohltaten Gottes, an einem guten Essen und einem hinreißenden Fest: „Herzensfreude ist Leben für den Menschen, Frohsinn verlängert ihm die Tage" (Jesus Sirach 30, 22).

So wünsche ich dir, lieber Leser, liebe Leserin, dass du beim Lesen der Texte in diesem Buch mit deiner Freude in Berührung kommst, die unter allen bedrückenden Gefühlen in deinem Herzen verborgen ist. Ich wünsche dir, dass dir die Kraft der Liebe Selbstvertrauen gibt und du in dem einen oder anderen Ritual einen schönen Rückzugspunkt findest.

Meditationen

Mein Herz ist erfüllt mit Freude

Der Winter hat seine eigenen Freuden. Der Raureif verzaubert den Baum, ja die ganze Landschaft. Er zieht ein mildes Licht an und spiegelt es wider. Wenn ich die verschneite Winterlandschaft betrachte und ganz Auge bin, dann füllt sich mein Herz mit Freude. Es ist die Freude an der Schönheit, die Gott überall in seiner Schöpfung aufleuchten lässt. Selbst dort, wo alles vor Kälte klirrt, wo nichts wachsen kann, selbst dort strahlt Gottes Herrlichkeit mir entgegen. In meiner Kälte, im Winter meiner Seele wirkt Gott ein stilles Leuchten. Es gibt in mir kein Gestimmtsein, das nicht Freude kennt.

Wer in Gott ist, ist in der Freude

Auch im Winter gibt es das Grün der Wälder und das Grün des Mooses. Die Grünkraft der Natur ist stärker als alle lebensfeindlichen Mächte. Die Freude überwintert. Sie ist auf dem Grund meines Herzens, auch wenn es traurig ist. Sie ist in mir, auch wenn ich vor Kälte erstarre. Sie lässt sich nicht zugrunde richten. Wer in Gott ist, so sagen die Mystiker, der ist in der Freude. Er freut sich nicht an den schönen Dingen, sondern die Freude ist in ihm. Und das Schauen auf die göttliche Grünkraft mitten im Winter weckt die Freude, die in ihm ist.

MEDITATION

Leben ist Freude

Der Frühling siegt über den Winter.
Es kommt langsam Farbe in das Grau.
Das Grün beginnt zu sprossen und mit
ihm die Freude in meinem Herzen.
Mit dem Frühling siegt die Lebensfreude
über die Melancholie des Winters. Die
Natur ist ein Bild meiner Seele. Wenn ich
mich auf das Grünen einlasse, das um mich
herum anhebt, dann wächst auch in mir
neues Leben. Und mit dem Leben wächst
die Freude. Denn Leben ist Freude. Mit dem
Leben lasse ich die Freude ein, dass meine
Seele alle winterliche Schwere ablegt und
leicht wird wie der Frühling.

Liebe erfüllt das Herz mit Freude

Mit dem Rot der Blüten kommt das Gefühl. Es wird mir warm ums Herz. Das Rot weckt in mir die Liebe auf. Die Liebe weitet das Herz und erfüllt es mit Freude. Die roten Blüten sagen mir: „Du bist liebesfähig. Du kannst Liebe erfahren, und Liebe macht dein Leben lebenswert. Die Liebe ist in dir. Du musst nur daran glauben." Die Natur ist ein Bild für die Auferstehung Jesu, in der die Liebe über den Tod gesiegt hat. Ich schaue auf das Rot der Blumen und lasse mich davon in Berührung bringen mit der Liebe, die in mir ruht, um immer wieder von neuem geweckt zu werden.

MEDITATION

Alles zeigt seine Schönheit

Seit jeher haben die Menschen in unserem Lebensraum den Mai besungen als den Monat der Lebensfülle: „Wie lieblich ist der Maien aus lauter Gottesgüt, des sich die Menschen freuen, weil alles grünt und blüht." Das Leben sprießt überall hervor. Alles blüht, alles zeigt seine Schönheit und seine Freude am Leben. Da kann ich nur tun, wozu Paul Gerhardt einlädt: „Geh aus, mein Herz, und suche Freud!" Ich muss aus mir herausgehen, aus dem Kreisen um mich und meine Verletzungen, und die Freude suchen, die sich mir darbietet im Grünen und Blühen der Natur.

Mein Herz öffnet sich für die Freude

Das Blau des Frühlingshimmels weckt in mir den Traum der blauen Blume, von der die Romantik gesungen hat. Unter dem blauen Himmel wandernd ahne ich, dass meine Heimat im Himmel ist, dass die blaue Blume letztlich nur in Gott zu finden ist. Blau ist die Farbe der Sehnsucht nach dem ganz Anderen, nach dem Jenseits dieser Welt. In der blauen Blume suchten die Romantiker aber nicht nur die Transzendenz des Himmels, sondern auch das Seelenbild des geliebten Menschen. Wer der Spur der Sehnsucht folgt, findet auf ihr Gott und den geliebten Menschen. Wenn ich den weiten Himmel über mir betrachte, wie er jeden Tag in einem anderen Blau erscheint, dann öffnet sich mein Herz für die Freude.

MEDITATION

Die Fülle des Lebens entdecken

Nicht nur das Korn wächst, sondern auch die Kornblume, nicht nur das Nützliche, das ich ernten kann, sondern auch das Schöne, das mein Herz erfreut. Es ist nicht alles zweckmäßig in der Schöpfung. Da strahlt mir die Buntheit des Lebens entgegen, die ungebändigte Fülle, die mein ernstes Bemühen um einen guten Ertrag lächelnd überspielt. Wenn ich mich auf die Fülle des Lebens einlasse, dann geht es nicht mehr um Erfolg und Anerkennung, dann ist nur noch Leben, dann ist Liebe, die mir in allem entgegenkommt, dann ist Freude, die sich ausdrücken will im Singen, im Loben Gottes. Erst wenn ich die Welt besinge, wird sie für mich wirklich, wird sie für mich zur Quelle der Freude.

Schöpfung ist Ausdruck der Liebe

Rosen duften. Ich atme voll Freude den geheimnisvollen Duft ein. In ihm atme ich die Liebe ein, die den Leib durchdringt. Die rote Rose ist ein Bild göttlicher Liebe. Maria wird oft im Rosengarten dargestellt. In Maria zeigt sich die Schönheit der Schöpfung, die Schönheit, die Gott auch uns Menschen zugedacht hat. Und in ihr scheint auf, dass die Schöpfung Ausdruck der Liebe ist. In jeder Rose berühre und atme ich die Liebe, mit der Gott mich bedingungslos liebt. Und in jeder Rose, die ich schenke, schenke ich Gottes Liebe und Gottes Freude an mir und an dir weiter.

MEDITATION

Im Einklang mit allem, was ist

Ein schöner Herbst kann das Herz noch
mehr erfreuen als ein heißer Sommer.
Die Natur zeigt ihre reiche Palette an Farben. Die Ernte ist eingefahren. Im Herbst
meines Lebens geht es nicht mehr um
Ernten, sondern um Sein, um Staunen über
den bunten Zauber des Lebens, um die stille
Freude über all das, was in mir gewachsen
ist. Der Herbst stimmt mich milde. Im milden Herbst sehe ich auf mein Leben und
bin einverstanden mit allem, was ist. Es ist
alles gut. Es ist eine zarte, kaum wahrnehm-
bare Freude, die der Herbst in mir weckt,
nicht mehr die laute Freude des Sommers.
Aber diese stille Freude kann mir niemand
nehmen. Sie wird überwintern. Sie wird
durchtragen, wenn es in mir und um mich
herum kalt wird.

Zeichen göttlichen Glanzes

Golden hebt sich ein Baum vom blauen Himmel und von den schneebedeckten Bergen ab. Der Goldglanz der Seele wird sichtbar im Bild der Schöpfung. Gold ist Zeichen des göttlichen Glanzes. Wenn ich mich nicht mehr beweisen muss, dann habe ich Raum für die innere Herrlichkeit. Sie ist einfach da. Ich muss sie nicht schaffen. Gold ist der Glanz der heiteren Seele, die von Gottes Liebe erfüllt ist. Ich nehme die goldenen Sonnenstrahlen tief in mein Herz hinein, dass sich das Gold darin einprägt und mir auch im Nebel des Alltags zeigt, wer ich eigentlich bin: ein Mensch, eingetaucht in den göttlichen Glanz, durchdrungen von Gottes Herrlichkeit.

MEDITATION

Eine Quelle, die nie versiegt

Manche toten Steine im Bach erinnern mich an die Verstorbenen. Aber über die Steine und durch sie hindurch strömt lebendiges Wasser. Das Wasser zeigt seine Lebendigkeit: Es formt die harten Steine. Es bricht sich an ihnen. Das ist für mich Bild meines Todes. Ich werde im Tod nicht erstarren. Das Wasser des Lebens wird mich durchfluten. Gottes Geist wird mich so formen, wie ich von Ewigkeit her gedacht bin. Die toten Steine weisen auf die Quelle, die in mir strömt. Sie wird nie versiegen, auch nicht im Tod. Denn sie ist göttlich. Sie trägt mich ans andere Ufer, an dem mein Baum für immer an Wasserbächen gepflanzt ist und nie sein Grün verlieren wird.

MEDITATION

Das innere Licht erfahren

Die Tage werden kürzer, und es wird früher dunkel. Es ist die Zeit, da ich mit dem inneren Licht in Berührung kommen möchte, mit dem Licht, das niemals untergeht. Es ist das Licht, das in der Geburt Jesu Christi aufgestrahlt ist. Es ist „ein Licht, das an einem finsteren Ort scheint, bis der Tag anbricht und der Morgenstern aufgeht" in meinem Herzen. Philipp Nicolai nennt dieses Licht den „Freudenschein", der uns von Gott her kommt. Es ist das heitere Licht, das Gott in mir entzünden will. Es ist das Strahlen der Freude über das Neue, das in mir geboren wird, über die Geburt Gottes in mir, die mich verwandelt und erneuert.

Kapitel 2

Selbstvertrauen

Die Menschen, denen ich als Seelsorger begegne, kreisen häufig um die beiden Pole: fehlendes Selbstwertgefühl und Ohnmachtsgefühl. Es sind nicht nur junge Menschen, die unter mangelndem Selbstvertrauen leiden und sich danach sehnen, ein starkes Selbstwertgefühl zu entwickeln. Auch von Leuten, die gerade in der Lebensmitte sind, höre ich oft, wie sie darunter leiden, kein Selbstwertgefühl zu haben. Sie trauen sich nicht, ihre eigene Meinung zu vertreten, wenn andere selbstbewusst auftreten. Sie trauen sich selbst nichts zu. Andere könnten es besser, so meinen sie. Vor allem Mütter, deren Kinder gerade aus dem Haus gegangen sind, merken auf einmal, wie ihr mühsam aufgebautes Selbstvertrauen zusammenstürzt. Sie haben sich von ihren Kindern her definiert. Jetzt werden sie mit sich selbst konfrontiert und haben das Gefühl, dass sie aus sich heraus gar nichts sind. Auch ältere Menschen sprechen oft davon, dass sie eine ganz geringe Meinung von sich selbst haben. Im Alter erinnern sie sich daran, dass sie als Kinder nicht ernst genommen worden sind und man nie nach ihrer Meinung gefragt hat. Jetzt, wo sie keine Leistung mehr vorweisen können, fühlen sie sich wertlos.

Junge Menschen haben große Zweifel, ob sie überhaupt wertvoll sind. Sie leiden darunter, dass sie nicht ernst genommen werden, dass sie Hemmungen haben, nicht so cool sind, wie sie das gerne sein möchten. Sie ärgern sich, wenn sie rot werden, sobald sie einer auf Themen anspricht, die ihnen unangenehm sind. Und vor allem haben sie Angst, dass sie vielleicht gar nicht liebenswert sein könnten. Junge Männer fühlen sich in Gegenwart von Frauen gehemmt, weil sie unsicher sind, ob sie von ihnen akzeptiert werden. Wenn sie sehen, dass andere eine Freundin haben, halten sie sich für minderwertig, weil sie noch alleine sind und weil kein Mädchen auf sie zugeht. Mädchen haben Angst, von Männern nicht ernst genommen, lächerlich gemacht zu werden, weil sie dem Schönheitsideal nicht entsprechen. So verwenden sie alle Energie darauf, so auszusehen, wie sie glauben, dass es die Männer erwarten.

Ganz gleich, wie unsere Kindheit verlaufen ist, jeder von uns hat die Aufgabe, ein gesundes Selbstwertgefühl zu entwickeln. Die Voraussetzungen, unter denen wir uns dieser Aufgabe zu stellen haben, sind natürlich verschieden. Der eine hat von seiner Kindheit her immer schon genügend Vertrauen in das Leben und Vertrauen zu sich selbst mitbekommen. Der andere wurde als Kind eher klein gemacht und entwertet. Er hat es wesentlich schwerer mit seiner Aufgabe. Aber auch er kann dazu kommen, ja zu sich und seiner Geschichte zu sagen, sich auszusöhnen mit seinen Stärken und Schwächen und so sein einmaliges Selbst zu entdecken und dazu auch vor den anderen zu stehen.

Jeder Mensch macht Erfahrungen mit der Liebe, beglückende und enttäuschende. Das Ziel all unserer Erfahrungen von Liebe ist, dass wir nicht nur lieben und geliebt werden, sondern letztlich Liebe sind. Als ich einem alten Mönch auf dem Berg Athos die Hand gab, spürte ich, dass dieser Mönch Liebe war. Von seiner Hand ging Wärme aus. Sie war wie ein Brunnen, aus dem Liebe strömte. Bei manchen alten Leuten habe ich das Gefühl: von ihrem Gesicht geht etwas Liebes aus. Da strahlt Liebe aus. Von solchen Menschen kann man sagen, dass sie Liebe geworden sind. Und ich denke, jeder Leser und jede Leserin hat schon einmal die Erfahrung gemacht, dass er oder sie ganz Liebe war. Da war das Herz voll von Liebe. Und diese Liebe galt nicht nur einem ganz bestimmten Menschen, sondern allem, was ist, dem Zimmer, den Blumen, dem

Tisch, den Menschen in der Nähe, dem Garten, der Landschaft. Wer so voller Liebe ist, der – so sagt uns Johannes – ist in Gott. Der hat Gott erfahren. Die Liebe ist dann wieder eine Kraft, die ihn erfüllt, wie eine Qualität, die seinem Leben einen neuen Geschmack gibt.

Immer wieder hören wir als Christen die Aufforderung, dass wir einander lieben sollen. Manchmal ist das für uns eine Überforderung. Wir sind nicht immer nach Liebe gestimmt. Paulus spricht im Hohenlied der Liebe in 1. Korinther 13 nicht davon, dass wir lieben sollen, sondern einfach von der Liebe, die in uns ist. Und von dieser Liebe als einer göttlichen Kraft schreibt er: „Sie erträgt alles, glaubt alles, hofft alles, hält allem stand. Die Liebe hört niemals auf" (1. Korinther 13, 7f). Wer voll von Liebe ist, der ist auch voller Hoffnung und voller Glaube. Er traut dem Leben, er traut Gott und den Menschen. Er weiß, dass sein Leben gelingt. Er hat auch

Hoffnung für die Menschen. Er gibt niemanden auf. Und er erträgt sein Leben. Er hat einen festen Stand. Ihn können auch Enttäuschungen nicht umwerfen. Mitten in unserer brüchigen Liebe sehnen wir uns nach einer Liebe, auf die wir uns verlassen können, die nie vergeht, die tragfähig ist. Und wir ahnen, dass es letztlich nur die göttliche Liebe ist, die in aller menschlichen Liebe diese Standfestigkeit verleiht. Doch wie kommen wir zu dieser Liebe?

Die Bibel sagt uns, dass Gott selbst uns seine Liebe in seinem Sohn Jesu Christus zeigt. In Jesus ist die Liebe Gottes unter uns erschienen. Und diese Liebe, die in Jesus unter uns aufgeleuchtet ist, will uns immer wieder daran erinnern, dass auch wir voller Liebe sind. Denn Jesus ist gekommen, um uns, die wir liebesunfähig geworden waren, wieder mit der Liebe in Berührung zu bringen, die in uns ist. Der Jesus des Johannesevangeliums zeigt uns, dass göttliches Leben in uns strömt.

Und dieses göttliche Leben ist Liebe. Aber
wir sind oft genug von ihr abgeschnitten.
Wir spüren sie nicht mehr. Die Liebe ist zwar
in uns, aber wir erfahren sie nicht. Jesus will
uns die Augen öffnen für die Liebe, die in
uns ist. Und er will uns durch sein Wort und
durch sein Tun wieder in Berührung bringen
mit der Liebe, die auf dem Grund unseres
Herzens bereitliegt. Wenn die Liebe Gottes
durch Jesus wieder in uns zu strömen beginnt, dann wird unser Leben heil und ganz.
Dann brauchen wir uns nicht zur Liebe zu
zwingen. Sie ist keine Forderung, sondern
eine Kraft, die in uns ist und uns durchdringt.

Die Liebe ist in mir. Das wird für mich Gewissheit, wenn ich das Johannesevangelium
und die Johannesbriefe lese. Die Liebe ist wie
eine Quelle, aus der ich trinken darf. Aber ich
brauche die Erfahrung menschlicher Liebe,
damit ich an die Liebe glauben kann, die auf
dem Grund meiner Seele strömt. Ich brauche
den Blick der Liebe, der mich in Berührung

bringt mit der Liebe, die in mir ist. Ich brauche Worte und Gesten der Liebe, damit ich die Kraft der Liebe in mir spüre.

Für mich ist es ein guter Weg, Worte der Bibel zu meditieren, sie in mein Herz hineinfallen zu lassen. Diese Worte lassen die Liebe wieder strömen, die Gott in meinem Herzen ausgegossen hat durch den heiligen Geist, wie Paulus im Römerbrief (Römer 5, 5) es formuliert. Ich meditiere immer wieder das Wort, das Gott zu Jesus gesprochen hat, als er bei seiner Taufe aus dem Wasser stieg: „Du bist mein geliebter Sohn, an dir habe ich mein Wohlgefallen" (Markus 1, 11). Ich muss es mir immer wieder vorsagen, damit es mich ganz und gar durchdringt, damit ich es nicht nur mit dem Kopf, sondern auch mit dem Herzen glauben kann. Wenn ich es glaube, dann darf ich manchmal die Erfahrung machen: Die Liebe Gottes strömt in mir. Sie erfüllt mich. Und sie verwandelt mich. Es ist die Liebe Gottes, die nie versiegt. Bei ihr brauche ich keine

Angst zu haben, dass sie vergeht. Sie ist unendlich, weil sie göttlich ist. Und sie gibt mir in meinen beglückenden und oft genug auch schmerzlichen Erfahrungen von Liebe die Gewissheit einer Liebe, die standhält, auf die ich mich verlassen kann.

Sich öffnen für die Liebe

Die Liebe ist kein Verschmelzen, kein Grenzen auflösendes Ineinander. Der Liebende steht in sich und er lässt den andern er selbst, sie selbst sein. Liebende brauchen Raum zwischen sich, damit sich die Liebe entfalten kann. Wenn die Bäume zu nahe wachsen, erdrücken sie sich gegenseitig. Zwischen den Liebenden braucht es einen Freiraum und einen Ort, an dem das Geheimnis wohnen kann. Hier ist es eine Kapelle, in der Gottes Liebe als mütterlicher Raum der Liebe erfahren werden kann. Wenn die Liebenden um die göttliche Liebe wissen, die in ihrer Liebe anwesend ist, dann verliert sich ihre Angst, ihre Liebe könne sich auflösen. Gottes Liebe gibt unserer menschlichen Liebe Bestand.

Wenn sich unsere Liebe aus der göttlichen Liebe speist, dann klammern wir uns nicht am andern fest, dann lassen wir ihn frei und genießen dankbar die Liebe, die uns von ihm entgegenströmt.

Meditationen

MEDITATION

Liebe ist ein Geheimnis

„Narzissus und die Tulipan, die ziehen sich viel schöner an als Salominis Seide." So dichtet Paul Gerhardt. Die Tulpen gelten als die königlichen Blumen. Der große Blütenkelch verweist auf das Kostbare, das er in sich trägt. Die roten Kelche bergen in sich die Liebe wie einen köstlichen Wein. Die Liebe ist nicht nur etwas, das zwischen uns fließt. Jeder von uns trägt in einem kostbaren Kelch das Geheimnis der Liebe in sich. Es braucht viel Achtsamkeit und Behutsamkeit, diese Liebe nicht zu verschütten. Wenn ich sie als etwas Wertvolles und Geheimnisvolles in mir trage, dann kann ich etwas von der Liebe, die in mir ist, in den Kelch des andern gießen. Wir können unsere Liebe mitteilen und austauschen. Jeder trägt dann ehrfürchtig die Liebe des andern in seinem Kelch. In der Eucharistiefeier halten wir den Kelch unserer Liebe Gott hin, damit Er unsere oft genug brüchige und begrenzte Liebe verwandle und seine göttliche Liebe unsere menschliche Liebe durchdringe.

MEDITATION

Vollendung und Neubeginn

Zwei Birken umrahmen ein Feldkreuz. Am Kreuz, so sagt uns das Johannesevangelium, hat Jesus uns bis zur Vollendung geliebt. Das Kreuz zeigt, dass alles in uns von Gottes Liebe umfasst wird. Das Kreuz ist Symbol aller Gegensätze. Alles Gegensätzliche und Widersprüchliche in uns ist von Jesu Liebe berührt. Jesus hat am Kreuz seine Hände ausgestreckt, um uns mit seiner Liebe zu umarmen. Indem ich auf das Kreuz schaue, wächst in mir der Glaube, dass es nichts in mir gibt, das von Gottes Liebe ausgeschlossen ist. Also darf auch ich alles an mir und in mir liebevoll anschauen. Der Löwenzahn, der um das eingezäunte Feldkreuz blüht, gilt als Heilpflanze. Am Kreuz hat Christus unsere tiefste Wunde geheilt: die Wunde des Todes und die Wunde unserer Schuld. Der Löwenzahn ist zugleich Bild für die Auferstehung Jesu, in der die Sonne der Liebe endgültig alle Finsternis und Kälte dieser Welt überwunden hat.

MEDITATION

Liebe gibt Freiheit

Der weiße Schwan ist seit jeher Symbol
des Lichtes und der Reinheit. In uns ist eine
Sehnsucht nach reiner und lauterer Liebe,
einer Liebe, die nicht vermischt ist mit
Besitzansprüchen und Kontrollwünschen.
Wir erfahren, dass sich in unsere Liebe so
schnell Aggressionen, Machtfantasien und
Rachegefühle einschleichen und sie verderben. Der Schwan erinnert uns an die
lautere Liebe, die auf dem Grund unseres
Herzens ruht. Bei allen Eintrübungen unserer Liebe gibt es tief in uns drinnen doch
die lautere Liebe, die den anderen freilässt,
die den andern um seinetwillen liebt. Die
reine Liebe freut sich am Geliebten. Sie
klammert sich nicht an ihn, sondern lässt
ihn in Freiheit neben sich schwimmen,
weil sie auch in ihm das Reine und Lautere
erkennt.

Von der inneren Sicherheit

An Pfingsten geht die Blüte auf, die an Ostern als Knospe die Dunkelheit der Erde durchbrochen hat. Wenn der Heilige Geist in uns eindringt, dann wird unser Leben neu geschaffen, dann blüht es in seiner wahren Schönheit auf. Der Heilige Geist ist die Liebe, die Gott in unsere Herzen ausgießt (Römer 5, 5). Gottes Liebe strahlt durch uns hindurch, sodass sie durch unser leuchtendes Antlitz auch die Menschen erfreut, denen wir begegnen. Die Pfingstrose ist die Rose ohne Dornen. In Liedern wird Maria als „Rose ohne Dornen" besungen. Die Pfingstrose ist ein beliebtes Symbol für Maria. Der Heilige Geist hat in ihr die kostbarste Frucht hervorgebracht, die wir Menschen kennen, Jesus, den Sohn Gottes, die menschgewordene Liebe Gottes. Der Heilige Geist möchte auch in uns Frucht bringen. Auch in uns will Christus Gestalt annehmen und durch uns als Liebe in dieser Welt aufleuchten.

MEDITATION

Spiegel der Seele

Die Sonneblumen richten sich stets der
Sonne zu. In der christlichen Tradition sind
sie Symbol für die Seele, die ihre Gedanken
und Gefühle unablässig auf Gott richtet.
Die Seele, die sich von Gottes Liebe beschei-
nen lässt wird selbst zum Spiegel, durch
den Gottes Liebe in diese Welt hineinstrahlt.
Die älteste Gebetsgebärde, die wir kennen,
ist die Segenshaltung. In ihr strecken wir
unsere Hände nach oben, damit durch sie
die Sonne der göttlichen Liebe in diese Welt
hineinleuchten kann. Die Sonneblumen
sind daher Symbol für das Gebet. Im Gebet
lassen wir Gottes Liebe zu dem Menschen
fließen, für den wir beten. Gottes Liebe
möge in seiner Dunkelheit wie eine Sonne
aufleuchten. Gottes heilende und liebende
Nähe möge ihn umgeben und seine Wurden
heilen.

Liebe erfreut unser Herz

Beim Gang durch die Felder erfreut uns die Farbenpracht des Klatschmohns. Wo er mitten in den Getreidefeldern blüht, ist die Natur stärker als die Pflanzenschutzmittel, mit denen man alles, was den Ertrag beeinträchtigen könnte, auszurotten versucht. Die Klatschmohnblüten im Getreidefeld stehen für die Zweckfreiheit der Liebe. Wo alles nur nach Nutzen und Rentabilität berechnet wird, erstirbt die Liebe. Doch die Liebe ist stärker als alles Berechnen. Sie lässt sich nicht einzwängen in unsere Lebenspläne. Sie blüht einfach auf, wo und wann sie will. „Die Rose blüht, weil sie blüht", sagt Meister Eckhart. Sie fragt nicht nach Nutzen. Sie ist einfach da. Die Liebe fragt nicht nach ihrer Berechtigung. Sie ist, weil sie ist. Sie durchbricht alles Zweckmäßige. Sie ist frei und lässt sich nicht vorschreiben, wo und wie sie blühen darf. Sie blüht einfach. Und wo sie aufblüht, erfreut sie unser Herz.

MEDITATION

Liebe führt in die Weite

Die Liebe führt in die Weite. Gemeinsam durch
das Gebirge zu wandern, gemeinsam einen
Berg zu erklimmen, das führt Liebende noch
enger zusammen. Sie schauen gemeinsam
auf ein Ziel. Sie zeigen einander die Schönheit der Welt. Doch wenn sie dann zusammen
in der Kapelle sitzen und sich von Gottes
Liebe umgeben wissen, erleben sie ihre Liebe
nochmals anders. Da ist die Liebe wie ein
Raum, der sie umgibt, wie ein Mutterschoß,
in dem sie von Gottes mütterlicher Liebe
eingehüllt sind, wie ein Zuhause, in dem sie
wahrhaft daheim sein dürfen. In der Kirche
sitzend spüren sie, dass sie nur dort daheim
sein können, wo das Geheimnis wohnt. Die
Liebe, die offen ist für das Geheimnis der
göttlichen Liebe, wird zur Heimat. In ihr berühren die Liebenden das Geheimnis ihres
eigenen Herzens und das Geheimnis Gottes,
dessen Liebe in allem ist, in der Schönheit
der Berge, in den leuchtenden Farben des
Herbstwaldes, in der Geborgenheit der Kirche
und in ihrem eigenen Herzen.

Süßer als Wein ist die Liebe

„Wie schön ist deine Liebe, meine Schwester
Braut; wie viel süßer ist deine Liebe als Wein."
So singt der Bräutigam im Hohenlied (Hoheslied 4, 10). Seit jeher ist der Wein ein Symbol
für die Liebe. Liebende trinken gerne Wein
miteinander. Wie die Liebe, so erfüllt auch
der Wein den Leib des Menschen mit einem
Wohlgeschmack. Er hebt seine Stimmung,
er verzaubert ihn. Liebe und Wein gehören
zusammen. Jesus lässt uns seine menschgewordene Liebe in der Gestalt des Weines
trinken. Er gibt unserem Leben einen neuen
Geschmack, den süßen Geschmack der Liebe.
Jesus sagt von sich: „Ich bin der wahre Weinstock" (Johannes 15, 1). Wenn ich den Weinstock mit seinen Rebzweigen und den Weintrauben betrachte, geht mir auf, wer Jesus
ist und wer ich selbst bin. Ich bin eine Rebe
am Weinstock Jesu. Seine Liebe durchströmt
mich wie der Saft des Weinstocks die Rebzweige. Wenn ich am Weinstock Jesu bleibe,
bringe ich reiche Frucht, dann wächst auch
an mir süßer Wein.

Liebe kennt keine Grenzen

Das Hohelied vergleicht die Braut mit einem verschlossenen Garten: „Ein verschlossener Garten ist meine Schwester Braut, ein verschlossener Garten, ein versiegelter Quell" (Hoheslied 4, 12). Aus dem Garten der Liebe schlängeln sich zwei rote Blätter heraus. Sie geben dem kalten Tor Farbe und Wärme. Die Liebe braucht den verschlossenen Garten. Liebe braucht einen Schutzraum, in dem sie gedeihen kann. Doch die Liebe lässt sich nicht eingrenzen. Sie durchdringt jede Abgrenzung. Sie ragt über das Tor hinaus. Sie lädt den Betrachter ein, daran Anteil zu nehmen. Die Liebe zweier Menschen ist wie ein Garten, in den auch andere eintreten, um darin Ruhe und Frieden zu finden. Wenn zwei Menschen sich lieben, dann entsteht ein Raum, in dem sich auch andere zu Hause fühlen.

Verwandlung durch Liebe

Die untergehende Sonne taucht die Landschaft und den kahlen Baum in ein rötliches Licht, in das Licht der Liebe. Dieses Licht der Liebe möge in unserem Herzen aufgehen, wenn es dunkel wird, so beten wir Mönche im Abendlob: „Nun, da die Sonne uns verlässt, geh uns dein Licht im Herzen auf!"
Es möge aufgehen, wenn das Jahr zu Ende geht, wenn die Abende länger werden, wenn sich Kälte um uns ausbreitet. Im rötlichen Licht der Sonne strahlt uns Gottes Liebe entgegen und erinnert uns an die Sonne, die in Jesu Geburt für alle Menschen aufgeht. Das Licht der Liebe Gottes, das im göttlichen Kind in der Krippe leuchtet, verwandelt die ganze Welt. Es lässt nicht nur den Stall in einem anderen Licht erscheinen. Das Licht durchdringt alles und taucht alles in einen hellen Schein. Martin Luther hat von diesem Licht gesungen: „Das ewig Licht geht da herein, gibt der Welt ein' neuen Schein; es leucht' wohl mitten in der Nacht und uns des Lichtes Kinder macht."

Kapitel 3

Geborgenheit
und Rituale

Die „Kunst des gesunden Lebens"

Zwei Bedürfnisse habe ich bei den Menschen vor allem festgestellt: einmal das Bedürfnis, gute Wege zu finden, wie sie mit ihren Ängsten und Depressionen, mit ihrem Ärger und mit ihrer Eifersucht, also mit ihren täglichen Problemen gut umgehen können und wie sie aus dem Glauben heraus eine Hilfe finden, mit ihren Gefühlen und Leidenschaften und mit den Verunsicherungen, die aus dem Unbewussten auftauchen, zurechtzukommen. Hier geht es vor allem darum, die eigene Lebensgeschichte anzuschauen, sich mit ihr auszusöhnen und dann nach Wegen zu suchen, besser mit der persönlichen Veranlagung, mit den Chancen und Gefährdungen der eigenen Psyche umzugehen.

Das andere Bedürfnis besteht darin, Wege
zu finden, sein Leben sinnvoll zu leben.
Die Rituale sind ein konkreter Weg zu einem
sinnvollen und gesunden Leben. Allerdings
sind sie kein Trick, mit dem wir alle Proble-
me lösen könnten. Und sie sind kein Rezept,
das nun jeder für sich und seine persönliche
Situation anwenden könnte. Ich habe versucht, in diesem Buch einige Anregungen
zu geben, wie bestimmte Rituale uns helfen
könnten, unser eigenes Leben zu leben und
Lust am Leben zu bekommen, wie sie unser
Leben für Gott öffnen und Gottes heilenden
und befreienden Geist in unseren Alltag eindringen lassen. Nicht die Rituale sind es letztlich, die unser Leben heilen, sondern Gott
selbst, dem die Rituale die Möglichkeit bieten,
in unser Leben einzubrechen, es zu gestalten,
zu heilen und zu verwandeln.

Spiritualität war immer auch „Kunst des gesunden Lebens". Die Kunst des gesunden
Lebens umfasst alle Bereiche des Lebens:

das Wohnen, das Essen und Trinken, die Arbeit, die Gemeinschaft, den Umgang mit der Schöpfung, die Kultur des Miteinanders, die Gottesdienste, die Struktur der Gesellschaft. Ein wichtiger Aspekt dieser Kunst des gesunden Lebens sind auch die heilenden Rituale. Zur Kunst des gesunden Lebens gehören Rituale.

Mein Tagesablauf

Um zu zeigen, wie so eine gesunde Lebens-
kultur aus dem Evangelium aussehen könnte,
möchte ich meinen Tageslauf mit den persönlichen und gemeinsamen Ritualen, die ich
als Benediktinermönch seit 40 Jahren lebe –
beschreiben – nicht, um mich als Vorbild hin-
zustellen, sondern um dem Leser Anregungen
für sein eigenes Leben zu geben.

Um 4.40 Uhr läutet bei uns die Hausglocke.
Ich mache sofort das Licht an und höre in
mich hinein, ob da noch ein Traum präsent ist
oder welches Gefühl die Träume dieser Nacht
in mir hinterlassen. Wenn mich der Traum
näher interessiert, schreibe ich ihn gleich auf.
Dann stehe ich auf mit dem Gebet: „Ich stehe

heute in deinem Dienst. Segne du diesen Tag!" Ich wasche mich und ziehe mich an und gehe dann bewusst in den halbdunklen Kreuzgang, wo ich mich von Gottes Gegenwart eingehüllt fühle.

Es ist jedes Mal ein geheimer Schauer, so früh am Morgen durch den Kreuzgang zum Gebet zu gehen, das dann um 5.05 Uhr beginnt. Wenn ich die Kirche betrete, nehme ich bewusst Weihwasser und bekreuzige mich in Erinnerung an meine Taufe, in der ich Christus übereignet wurde, und als Zeichen, dass all mein Tun heute aus der Quelle seiner Gnade und seiner Liebe und nicht aus eigener Kraft strömt.

Das erste Wort des Tages ist das dreimalige Gebet: „Herr, öffne meine Lippen, damit mein Mund dein Lob verkünde." Dabei zeichne ich mit dem Daumen das Kreuz auf meine Lippen, um auszudrücken, dass alle Worte, die ich heute sagen werde, letztlich Gott verherrlichen sollen. Die Vigil (Stundengebet zur Nachtwache) und die Laudes (Morgenlob), die wir gemeinsam rezitieren, bestehen vor allem aus Psalmen. In ihnen fühle ich mich verbunden mit den Menschen, die mir von ihrer Not erzählt und mich um Fürbitte gebeten haben, aber auch mit allen, von denen die Psalmen in ihren archetypischen Bildern erzählen. Es ist nicht mein Privatvergnügen, so früh schon zu beten. Ich tue es stellvertretend für die Menschen, die nicht mehr beten können, die stumm geworden sind in ihrer Verzweiflung. Und ich bete die Psalmen gemeinsam mit Christus, um einzutauchen in seine Liebe zum Vater und um die Welt bewusst von Christus her zu meditieren. Natürlich bin ich manchmal noch recht müde dabei. Aber wenn wir nach jedem Psalm aufstehen und uns zum „Ehre sei dem Vater" tief verbeugen, dann sammelt sich in dieser Gebärde die Sehnsucht, mit meiner ganzen Existenz in Gott einzutauchen, Gott zu verherrlichen und ihm zu dienen.

Nach der Laudes gehe ich um 5.45 Uhr in meine Zelle, zünde vor einer Christusikone eine Kerze an und meditiere 25 Minuten davor mit dem Jesusgebet „Herr Jesus Christus, Sohn Gottes, erbarme dich meiner", das ich mit dem Atemrhythmus verbinde. Es ist für mich eine heilige Zeit, in der ich spüre: Da hat jetzt niemand Zutritt. Die Leute, die heute zu mir kommen und etwas von mir wollen, erreichen mich hier nicht. Hier bin ich ganz frei. Hier bin ich allein mit meinem Gott. Natürlich ist die Meditation oft auch zerstreut und unruhig. Aber immer wieder erahne ich auch diesen inneren Raum der Stille in mir, in dem Gott selbst in mir wohnt mit seiner Liebe und Barmherzigkeit, in dem Ich in Einklang bin mit mir selbst. Das gibt mir das Gefühl von Heimat und Geborgenheit und von Stimmigkeit: Es ist gut, dass du hier bist, dass du Mönch bist. Es ist alles gut.

Wenn die Hausglocke um 6.10 Uhr läutet, gehe ich langsam in die Sakristei, um mich für die Eucharistiefeier mit Albe und Stola zu bekleiden. Alles geschieht in Stille. Und bis zum gemeinsamen Einzug stehen wir noch einige Augenblicke schweigend da. Solche Augenblicke sind für mich wichtig. Sie zeigen mir, dass mein Leben ein Geheimnis ist und ich im Gebet und in der Eucharistie immer wieder eintauchen darf in das Geheimnis des „Tremendum et Fascinosum", in das Geheimnis des Gottes, der voller Schauder ist und zugleich faszinierend.

Nach der Eucharistiefeier, die etwa um 7.00 Uhr endet, gehe ich schweigend zum Frühstück und dann etwa um 7.10 Uhr in meine Zelle, um eine Dreiviertelstunde zu lesen. Auf diese Zeit freue ich mich jeden Tag. Es ist für mich wichtig, dass ich mir gute Bücher aussuche, die ich immer erst zu Ende lese, bevor ich das nächste anfange. Am Dienstag und Donnerstag habe ich Abendmesse. Da ist der Morgen nach der Vigil frei. In dieser Zeit von 6.00 bis 8.00

Uhr schreibe ich dann jeweils kleinere Artikel oder Bücher.

Um 8.00 Uhr gehe ich in die Verwaltung. Dort erwartet mich eine ganz andere, eine weltliche Tätigkeit. Da muss ich organisieren, mit Mitarbeitern sprechen, mit Banken und Behörden verhandeln, Bausitzungen leiten und so weiter. Natürlich sind die Morgenrituale keine Garantie dafür, dass ich bei der Arbeit nicht doch manchmal in Hektik gerate. Aber normalerweise wirkt der ruhige Morgen nach. Wenn ich in Berührung bin mit dem inneren Raum der Stille, dann laugt mich die Arbeit nicht aus. Sie macht mir vielmehr Spaß, und ich habe den Eindruck, dass sie aus der inneren Quelle fließt, die in mir sprudelt. Wenn ich mich in die Unruhe treiben lasse, ist es für mich immer ein Zeichen, dass ich die Verbindung mit diesem inneren Raum verloren habe.

Um 12.00 Uhr unterbricht das Mittagsgebet die Arbeit. Die zwanzig Minuten gemeinsamen Betens tauchen mich wieder in die Welt Gottes ein und zeigen mir, was die wahren Maßstäbe für mein Leben und Arbeiten sind.

Dann ist gemeinsames Mittagessen, das schweigend eingenommen wird. Dabei wird zu Beginn aus der Heiligen Schrift und dann aus einem Buch vorgelesen, das der Prior jeweils ausgewählt hat. Das ist auch eine gute Zeit, von der Unruhe des Vormittags abzuschalten. Dann lege ich mich eine halbe Stunde hin und döse vor mich hin oder schlafe mit dem Jesusgebet ein.

Um 13.20 Uhr läutet die Hausglocke wieder zur Arbeit. Nach einer Tasse Kaffee beginne ich wieder, entweder in der Verwaltung oder im Recollectiohaus, in dem ich die Gäste im geistlichen Gespräch begleite.

Um 18.00 Uhr ziehen wir gemeinsam zur Vesper ein, zum Abendlob der Kirche, das wir unter Orgelbegleitung singen. Da habe ich immer das Gefühl von Freiraum. Während viele stöhnen, wie viel sie arbeiten müssen, gönne ich es mir, die Psalmen zu singen und mich vom Gesang zu Gott hintragen zu lassen. Nach der Vesper bleiben noch knappe zehn Minuten, in denen ich schweigend im Kreuzgang herumgehe und meditiere.

Um 18.40 Uhr ist dann das Abendessen, wieder mit Tischlesung. Danach treffen wir uns zur so genannten Rekreation, zur Erholung. Im Sommer gehen wir eine halbe Stunde lang im Park spazieren. Im Winter setzen wir uns zum lockeren Gespräch zusammen.

Um 19.35 Uhr singen wir dann die Komplet, das kirchliche Nachtgebet, das mit dem „Salve Regina", dem lateinischen Marienlob, schließt.

Dann ist der Tag noch lange nicht zu Ende. Meistens habe ich noch ein oder zwei Gespräche mit Gästen, die ich in Einzelexerzitien begleite. Einzelexerzitien sind stille Tage, in denen jemand sich täglich einem Schrifttext stellt und ihn meditiert und dann in einem kurzen Gespräch davon erzählt, was Gott heute in ihm bewegt hat. Am Mittwoch ist meistens gemeinsamer Abend im Konvent oder in kleinen Gruppen. Manchmal halte ich auch einen Vortrag im Gästehaus oder außerhalb. Wenn nicht, dann freue ich mich, dass ich in meiner Zelle noch etwas lesen oder schreiben kann.

Kurz vor 22.00 Uhr gehe ich ins Bett. In einer kurzen Gebetsgebärde übergebe ich Gott nochmals den Tag. Im Bett lese ich dann noch ein Kapitel aus der Heiligen Schrift. Dann mache ich das Licht aus und bete noch ein paar Teile vom Rosenkranz für die Menschen, die sich mir heute anvertraut haben oder deren Not mich gerade bewegt. Darüber schlafe ich dann ein.

Vielleicht klingt dieser Tageslauf für manchen zu romantisch. Kaum ein Leser wird ihn so für sich kopieren können. Es ist eben der Tageslauf eines Mönches. Aber ich spüre, dass mir diese konkrete Form des Lebens mit den gemeinsamen und persönlichen Ritualen gut tut. Ich habe das Gefühl, dass es mein Leben ist und dieses Leben wertvoll ist, dass ich Lust an diesem Leben habe. Natürlich wird diese klare Tagesordnung immer wieder gestört, etwa wenn ich einen Kurs halte oder auswärts einen Vortrag. Dann komme ich erst nachts wieder heim. Die nächtliche Autofahrt ist dann für mich eine gute Gelegenheit, Rückschau zu halten und nachzuspüren, was die Menschen heute eigentlich bewegt und wie ich Worte finden könnte, die ihre Sehnsucht treffen. Wenn ich vor Mitternacht heimkomme, beginnt der neue Tag wie immer um 4.40 Uhr. Nur wenn ich nach Mitternacht heimkomme, stehe ich erst um 5.45 Uhr zur Eucharistiefeier auf. Ich weiß, dass es mir gut tut, mich auch durch solche Ausnahmen nicht allzu sehr in meiner Tagesordnung stören zu lassen.

Manchmal habe ich mich schon gefragt, ob meine persönlichen Rituale einfach nur Gewohnheiten sind, die mich „betriebsblind" machen, oder ob sie ein guter Weg für mich sind, als Mönch im Geiste Jesu Christi zu leben. Die Beschäftigung mit der Psychologie hat mir die Gewissheit gegeben, dass ich mit meinen Ritualen nicht falsch liege.

Anregungen für persönliche Rituale

Gehen Sie Ihren Tag einmal bewusst durch und beobachten Sie sich dabei, welche Rituale Sie unbewusst befolgen, wenn Sie den Tag beginnen, wie Sie zur Arbeit gehen, wie Sie die Pausen gestalten und wie Sie den Tag beschließen. Dann überlegen Sie sich, ob diese Rituale Ihnen gut tun oder nicht, ob Sie sie bewusst vollziehen oder ob sie sich einfach so eingeschlichen haben.

Und dann fragen Sie sich: Welche Rituale täten mir gut? Worauf habe ich Lust? Wenn Sie daran gehen, Ihren Tag bewusster zu gestalten, ist es ganz wichtig, dass Sie sich nicht unter Leistungsdruck stellen und meinen, Sie müssten jetzt unbedingt viele Rituale in

Ihren Tageslauf einbauen. Sie sollten sich nie vom schlechten Gewissen leiten lassen. Ich erlebe gerade bei geistlichen Menschen, dass sie immer ein schlechtes Gewissen haben, wenn sie nicht genügend geistliche Übungen verrichten. Sie sagen dann: „Eigentlich sollte ich den Tag mit einer stillen Zeit beginnen, eigentlich sollte ich das Stundengebet beten." „Eigentlich" müssen wir gar nichts. Gott fordert von uns keine Rituale. Wir brauchen ihn nicht zufriedenzustellen und wir brauchen auch uns selbst und unseren Ehrgeiz nicht zu beruhigen. Es geht vielmehr um die Frage, was uns gut tut und worauf wir Lust haben.

Natürlich brauchen Rituale auch Disziplin. Wenn ich im Tiefsten meines Herzens weiß, dass mir das Morgenritual der stillen Zeit gut tut, dann darf es nicht von meiner Lust und Laune abhängen, ob ich die stille Zeit einhalte oder nicht. Denn sonst geht es mir nicht gut damit. Es gibt ja das Sprichwort: „Der Weg zur Hölle ist mit guten Vorsätzen gepflastert."

Wenn ich mich für ein Ritual entschieden habe, dann muss ich es auch üben. Damit ich mich allerdings nicht damit versklave, kann der Ratschlag eine Hilfe sein, den Graf Dürckheim allen gegeben hat, die sich auf den Weg der Meditation eingelassen haben. Er meinte, es sei besser, einen Tag bewusst von der Meditation auszunehmen, als ständig mit schlechtem Gewissen seinen unerfüllten Vorsätzen nachzulaufen. Wenn ich jeden Morgen mit einer stillen Zeit beginne, dann kann es gut sein, einen Tag in der Woche bewusst anders anzufangen.

Die Verhaltenspsychologie sagt uns: Ob ich einen Vorsatz ausführe oder nicht, ist nicht Sache der Willensstärke, sondern der Klugheit. Ich muss klug überlegen, was für mich realistisch ist und worauf ich mich freuen kann. Wer morgens einfach nicht aus dem Bett kommt, weil er eher ein Abendmensch ist, für den hat es wenig Zweck, sein ganzes Leben lang gegen seine innere Natur zu kämpfen. Er sollte vielmehr überlegen, was er gerne tun würde.

Jeder sollte am Tag eine Zeit haben, auf die er sich freuen kann, in der er das Gefühl hat, dass die Zeit allein ihm und seinem Gott gehört, wo er ganz bei sich und bei Gott ist, frei von allen äußeren Verpflichtungen, frei von allen Erwartungen und Beurteilungen. Für den einen ist es der tägliche Spaziergang, für den andern das Nachhausekommen nach der Arbeit, für einen dritten die tägliche Dusche, unter der er alles abspült, was sich so an ihn gehängt hat. Ein Ritual, das ich mir aufzwinge, weil es für mich als Christen angemessen scheint, wird nicht lange durchtragen. Es muss für mich passen, und es muss mir Freude machen. Dabei muss ein Ritual nicht immer fromm sein. Ich muss nur das Gefühl haben, dass es mein ganz persönliches Ritual ist, etwas, auf das ich mich täglich freuen kann, ein Augenblick, in dem ich ganz ich selbst bin, ganz frei, in dem ich reine

Gegenwart bin, einverstanden mit mir und
meinem Leben.

Vor einer Gefahr müssen wir uns in Bezug
auf die Rituale hüten: vor der Gefahr, alles
ritualisieren zu wollen. Das würde zur inneren
Verkrampfung führen und alle Lebendigkeit
und Spontaneität rauben. Jeder Menschentyp
muss anders mit seinen Ritualen umgehen.
Für den einen wird es ganz wichtig sein,
sich konkrete Rituale zu erarbeiten. Für den
andern dagegen ist es lebensnotwendig, dass
er aus dem Gefängnis seiner eigenen Rituale
ausbricht und es einfach genießt, im Augenblick zu sein. Für den einen wird es gut sein,
den Morgen mit dem Stundengebet zu beginnen, wie es die Ordensgemeinschaften beten
(Psalmen, Lesung, Hymnus und Fürbitten).
Für den andern dagegen wäre das nur Ausdruck seines religiösen Leistungsdenkens.
Er müsste lernen, einmal all die religiösen
Formen zu lassen und einfach nur der Spur
der größten Lebendigkeit zu folgen, der Spur,

die ihn zum Leben führt. Das kann die Spur
der Aufmerksamkeit und der Achtsamkeit
sein, indem er ganz langsam spazieren geht
und mit allen Sinnen den Wind und die Sonne
wahrnimmt und sich daran freut.

Häufig erzählen mir Leute, dass sie jahrelang
morgens das Stundengebet gebetet hätten.
Aber in letzter Zeit gehe es einfach nicht mehr,
sie hätten überhaupt keine Freude daran.
Alles sei nur leer. Manche machen dann nach
Exerzitien oder nach einem Meditationskurs
wieder einen neuen Anlauf, um die vertraute
Übung weiter zu pflegen. Das kann stimmig
sein. Denn eine Übung braucht auch Treue.
Aber wenn mir ein Ritual gar nichts mehr
sagt, sollte ich mich auch fragen, ob es noch
für mich angemessen ist oder ob eine andere
Form dran wäre, ob ich, statt Brevier zu beten,
einfach still dasitzen oder ob ich stattdessen
eine Zeit lang einfach ein gutes Buch lesen
sollte. Man kann nicht sagen, dass man jede
Form geistlichen Lebens durchtragen müsse,

auch durch Zeiten der Dürre hindurch. Manchmal ist die Dürre auch ein Zeichen, dass etwas abgestorben ist und Neues wachsen möchte. Es braucht hier die Unterscheidung der Geister, um zu erspüren, was für den Einzelnen stimmt.

Jeder muss selbst ausprobieren, was ihn zum Leben führt, was ihn innerlich froh macht und ihn in Einklang bringt mit sich selbst. Dieser Spur soll er folgen. Entscheidend ist das Bewusstsein, dass es mein ureigenstes Ritual ist, mit dem ich den Tag beginne und beschließe, und dass ich mich darauf freue. Es ist Ausdruck dafür, dass ich mein eigenes Leben lebe, anstatt gelebt zu werden. Es ist ein Moment der Freiheit und Stimmigkeit. Und es ist ein Ritual, das mir das Gefühl gibt, dass mein Leben wertvoll ist und es wert ist, gefeiert zu werden.

Meine Mutter hat noch mit über achtzig Jahren einige Gebete auswendig gelernt, die sie im Gotteslob gefunden hat, ein Gebet für ihren verstorbenen Mann, ein Gebet für ihre Kinder und Enkelkinder und ein Gebet um den Geist der Geduld und Gelassenheit für ihr Alter. Es hat mich tief beeindruckt, als sie mir erzählte, wie sie diese Gebete jeden Morgen wiederholt. Diese vorformulierten Gebete helfen ihr, ihre eigenen Gefühle zum Ausdruck zu bringen. Und zugleich verändern sie auch ihre Gefühle. Anstatt über die Beschwerden ihres Alters zu jammern, vermitteln ihr diese Gebete das Gefühl, dass ihr Leben wertvoll ist und dass sie noch eine wichtige Aufgabe für ihre Großfamilie hat. Das Gebet für den verstorbenen Mann lässt sie dankbar zurückschauen auf die gemeinsame Zeit mit ihm. Und die anderen Gebete erzeugen in ihr Zufriedenheit und Gelassenheit. Sie prägen ihre Gefühle am Morgen und lassen sie etwas von dem Geheimnis ahnen, jeden Morgen in Gottes Namen aufstehen und noch diesen einen Tag dankbar erleben zu dürfen. Tagsüber betet sie dann zwei bis drei Rosenkränze für ihre Kinder und Enkelkinder. Obwohl sie nur noch fünf Prozent Sehkraft hat, kann sie so doch sinnvoll ihren Tag verbringen. Gerade für ältere Menschen entscheiden die Rituale, ob sie in ihrem Alter Weisheit und Zufriedenheit lernen oder aber allen zur Last werden. Das Erlernen von vorformulierten Gebeten könnte dabei eine gute Hilfe sein, den Tag zu beginnen und zu beschließen.

Eine Frage der Atmosphäre

Anregungen für Familienrituale

Beobachten Sie zuerst einmal, welche gemeinsamen Rituale Ihre Familie kennt. Vielleicht üben Sie diese Rituale schon bewusst, vielleicht haben Sie sich unbewusst einfach daran gewöhnt. Was bewirken diese Rituale bei Ihnen? Fühlen Sie sich wohl dabei, oder haben Sie das Gefühl, dass sie nicht mehr stimmen, dass sie nur noch leere Riten sind, die Sie tun, um Ihre unbewussten Ängste zu besänftigen? Und dann überlegen Sie, welche gemeinsamen Rituale Ihnen gut täten und wie Sie sie so gestalten könnten, dass sie stimmig sind: Beginnt jeder den Morgen für sich? Wie begrüßen Sie sich am Morgen? Welche Formen des gemeinsamen Betens oder Meditierens wären für Sie möglich und auf welche würden Sie sich freuen? Es hat keinen Zweck, etwas einführen zu wollen, das mit dem gemeinsamen Leben nicht übereinstimmt. Man muss sehr behutsam mit gemeinsamen Ritualen umgehen. Denn sie berühren ja immer auch den anderen. Und dem darf ich nichts überstülpen. Ich kann nur mein Bedürfnis äußern, aber ich darf den anderen nicht überfordern mit meinen Formen. Gerade Rituale sind immer auch besetzt mit ganz bestimmten Erinnerungen. Ein Ritual kann noch so gut sein, aber wenn es in meiner Familie ein Zwangsritual war oder wenn es mich an die Unaufrichtigkeit des Vaters oder das Angepasstsein der Mutter erinnert, dann sind die Aversionen gegen so ein Ritual so groß, dass es keinen Zweck hat, es gemeinsam zu üben.

Rituale in der Familie müssen natürlich auch dem Alter der Kinder angepasst sein. Solange die Kinder klein sind, ist es ganz wichtig, die immer gleichen Rituale zu vollziehen. Aber zugleich muss man auch sensibel dafür sein, wieweit diese Rituale für die größer werdenden Kinder noch stimmen, wieweit sie verändert oder ganz gelassen werden sollten. So wird man etwa die Geburtstage und Namenstage der Eltern und Kinder je nach Alter anders feiern müssen. Die Rituale solcher Familienfeiern sagen viel aus über das Zusammenleben einer Familie. Sie könnten eine Hilfe sein, Gefühle zueinander zu äußern, die sonst kaum einmal Ausdruck finden.

Geburtstage

In vielen Familien werden die jährlichen Geburts- und Namenstage kaum mehr gefeiert, oder höchstens dadurch, dass es ein Geschenk gibt. Aber gerade an solchen Tagen könnten klare Rituale helfen, den Wert des Einzelnen

und die Verbundenheit mit der Familie auszudrücken. Da viele sich schwertun, ihre
Gefühle angemessen zum Ausdruck zu bringen, hier ein Beispiel für ein Gebet, mit dem
Sie das gemeinsame Frühstück beginnen
können:

„Barmherziger und guter Gott.
Wir feiern heute den Geburtstag/Namenstag
    von ...
Wir danken dir, dass du uns ... geschenkt
    hast. Wir danken dir dafür, dass er/sie
    unsere Familie mit seiner/ihrer Art zu
    leben bereichert, und er/sie etwas in
    unser Miteinander einbringt, was er/sie
    allein vermitteln kann.
Wir danken dir für das vergangene Jahr,
    für alles, was in ihm/ihr in dieser Zeit
    gewachsen ist.
Wir bitten dich für ..., dass du ihn/sie im
    kommenden Jahr beschützen und be-
    gleiten mögest, damit wir alle uns an
    ihm/ihr freuen dürfen.

Und wir bitten dich auch für uns, dass wir
ihm/ihr gerecht werden und gut hinhören,
was du uns durch ihn/sie sagen möchtest."

Das Entscheidende an solchen Familienritualen ist einmal die Zeit, die man bewusst miteinander und füreinander investiert, und zum anderen die Möglichkeit, seine Gefühle in einer guten Weise zum Ausdruck zu bringen. Es wäre eine lohnende Aufgabe, dass die Familie selbst ein Gebet verfasst, das sie am Geburtstag oder Namenstag eines ihrer Mitglieder vorbetet. Es könnte jedes Jahr und bei jedem das gleiche Gebet sein. Noch besser wäre es, wenn man zur Vorbereitung dieser Tage in jedem Jahr neu überlegt, welches Gebet heute diesem Kind, dem Vater oder der Mutter entsprechen würde, und es dann neu formuliert. Gerade bei runden Geburtstagen wäre die Fantasie der Familienmitglieder gefragt. Dabei geht es nicht um teures Essen, sondern um den Stil des Feierns. So könnte zum Beispiel beim 70. Geburtstag des Vaters oder der Mutter jedes der Geschwister etwas dazu beitragen, was es mit dem Vater oder der Mutter verbindet, was es von ihnen übernommen hat, wofür es dankbar ist und woran es sich gerne erinnert. Wo es möglich ist, kann man wichtige Geburtstage auch mit einem Gottesdienst feiern oder mit einer häuslichen Liturgie, in der man im Gebet seine Gedanken und Gefühle der Dankbarkeit und seine Wünsche ausdrücken kann. Es braucht Rituale, um solche persönlichen Worte im Kreis der Familie sagen zu können. Wo aber das einzige Ritual darin besteht, in eine mondäne Gastwirtschaft zu gehen, da verkümmert das Miteinander.

Kapitel 4

Tore zum Leben

Für die Bibel ist das Tor ein wichtiges Bild
für das Geheimnis des Menschen und für
das Geheimnis Gottes. Jesus fordert uns in der
Bergpredigt auf: „Geht durch das enge Tor!
Denn das Tor ist weit, das ins Verderben führt,
und der Weg dahin ist breit, und viele gehen
auf ihm. Aber das Tor, das zum Leben führt,
ist eng, und der Weg dahin ist schmal, und
nur wenige finden ihn" (Matthäus 7, 13f).

Durch das enge Tor treten wir zum Leben
ein. Das enge Tor ist das Tor, das nur für uns
bestimmt ist. Es ist meine Aufgabe, dass ich
den Schlüssel finde, der mir die Tür zum Geheimnis meiner Person, meines einmaligen
und ursprünglichen Wesens aufschließt. Es
genügt nicht, durch das weite Tor zu treten,
durch das alle Menschen gehen. Sonst lebe

ich nur irgendwie, aber ich lebe nicht als ich selbst, als dieser einzigartige Mensch, als den Gott mich geschaffen hat. Franz Kafka hat in einer Novelle beschrieben, wie ein Mann vor dem Tor zum Palast wartet, um eintreten zu können. Aber er hat Angst vor dem Türhüter. So wartet er bis zum Tod. Da schließt der Türhüter die Türe und sagt dem sterbenden Mann: „Diese Tür war nur für dich bestimmt."

Es gibt eine Tür, die mir den Weg zum Leben ermöglicht. Ich finde diese Tür, wenn ich mich mit meiner eigenen Lebensgeschichte aussöhne, wenn ich in mich hineinhorche und spüre, was meine urpersönliche Berufung ist, was für mich stimmt und was meine Einmaligkeit ausmacht.

Auch im Umgang mit dem Nächsten ist es wichtig, die Tür zu finden, durch die ich beim anderen eintreten kann. Manchmal finden wir keinen Zugang zum anderen. Er bleibt uns verschlossen. Wir reden mit ihm, aber wir

bekommen keinen wirklichen Kontakt zu
ihm. Da ist es gut, sich in den anderen hinein
zu meditieren und sich zu fragen, was denn
wohl der Schlüssel wäre, mit dem ich das
Tor zu diesem Menschen aufschließen kann.
Wenn ich den Schlüssel finde, dann werde
ich bei ihm eintreten können, und es wird
wohl möglich sein, in ihm Leben zu wecken.
Wer verschlossen ist, ist es oft nicht nur dem
anderen gegenüber, sondern er hat auch
keine Beziehung zu seinen eigenen Möglichkeiten. Manchmal können wir einem anderen
helfen, dass er die Tür zu sich selbst findet,
zum Potenzial seiner Fähigkeiten, dass er in
Berührung kommt mit seiner eigenen Kreati-
vität.

Im Johannesevangelium sagt Jesus von sich:
„Ich bin die Tür; wer durch mich hinein-
geht, wird gerettet werden" (Johannes 10, 9).
Wenn ich Jesus verstehe und mich auf
ihn einlasse, dann finde ich Zugang zu mir
selbst, dann wird mein Leben heil und ganz.

Die Frage ist, wie ich diese Behauptung Jesu an mir erfahren kann. Sind es nur äußere Worte oder kann ich davon leben? Ich erlebe oft, dass Menschen über sich nachdenken und doch nicht zu ihrem wahren Selbst finden. Für mich ist die Meditation Jesu wichtig geworden, um das Geheimnis meines eigenen Menschseins zu entdecken. Durch Jesus komme ich in Berührung mit meinem wahren Selbst. In mir, so sagt mir dieses Wort Jesu, ist ein Raum der Stille, in dem ich ganz ich selbst bin, frei, ursprünglich, unverfälscht, heil und ganz. In mir ist ein Raum, in dem Christus wohnt. Dort, wo Christus in mir wohnt, ist auch der von Gott geformte reine und unversehrte Kern meiner Person. Wenn ich nur mich selbst betrachte, kreise ich immer wieder um die Verletzungen meiner Kindheit oder meiner Fähigkeiten und Erfolge. Es geht mir immer nur um mich selbst. Und ich sehe mich dann immer nur im Vergleich mit anderen. Indem ich auf Jesus schaue, erkenne ich das ursprüngliche Bild, das Gott sich von mir gemacht hat. Da ist es mir nicht mehr wichtig, wie die anderen aussehen, welche Fähigkeiten und Erfolge sie vorweisen können. Da bin ich im Einklang mit mir selbst. Da bin ich dankbar für das einmalige Bild, das Gott geformt hat, um in mir auf einzigartige Weise in dieser Welt etwas von seiner Herrlichkeit aufleuchten zu lassen.

Meditationen

Im Inneren Heilung finden

Tore öffnen und schließen. Ein schlichtes
Portal führt in die Kirche, in den heiligen
Raum. Die Türe schließt mir das Heilige auf,
damit ich mich darin bergen kann. Durch
das Tor trete ich ein in das Heiligtum, damit
ich darin heil werde und ganz. Denn nur das
Heilige vermag zu heilen. Ich brauche Türen,
die mir das Heilige aufschließen und die es
verschließen, damit es geschützt bleibt vor
der Leere der Alltäglichkeit. Vor dem Heiligtum meines Herzens steht ein Tor, das Tor
meines Herzens. In der Stille öffnet sich dieses Tor, damit ich ins innere Heiligtum meiner Seele trete, um darin Heilung meiner
Wunden zu erfahren und den Frieden, den
Gott der Unruhe meines Herzens gewährt.

MEDITATION

Türen zum Leben öffnen

Eine dunkle Balkontüre verbirgt das Zimmer eines Palastes. Die Passion ist wie eine dunkle Tür, durch die Jesus in seiner Herrlichkeit der Auferstehung schreitet. Die Dunkelheit des eigenen Leidens steht vor dem Glanz, den mir Gott in Jesus bereitet. Die Bedrängnisse dieser Zeit verstellen den Raum, in dem Gottes Licht in mir leuchtet. Die Passionszeit erinnert mich an viele dunkle Türen, die mir den Zugang zum Leben verschließen. Aber an Ostern zerbricht Jesus die Tore des Todes. Er öffnet mir die Tür zum Leben. Er lädt mich ein, teilzuhaben an der Herrlichkeit seiner Auferstehung.

MEDITATION

Der Weg zum wahren Leben

Bäume laden mich ein, durch das lebendige Tor zu schreiten, das sie bilden. Jesus mahnt mich, durch das enge Tor zu gehen. Denn nur das enge Tor führt zum Leben (Matthäus 7, 14). Ich muss das Tor finden, durch das ich den Zugang zum wahren Leben finde, den Zugang zu mir selbst, zu meiner einmaligen Gestalt. Durch das Tor, das Gott mir zugedacht hat, finde ich den Weg in die Weite, in den Raum, in dem mein Leben aufblüht. Gott hat sich ein Bild von mir geformt, ein Bild in dem seine Herrlichkeit auf einzigartige Weise aufleuchtet. Der Weg zu diesem Bild führt durch das enge Tor, durch die lebendige Tür, die Jesus für mich geöffnet hat.

Wo das Leben blüht

Blumen umranken die Haustür. Sie laden uns ein, vor der Tür zu bleiben und das Haus zu bestaunen, das so herrlichen Schmuck trägt. Die Blumen verheißen aber auch, dass in diesem Haus das Leben blüht. Wer die Tür, die zu seinem Haus führt, so liebevoll mit bunten Blüten umgibt, drückt damit aus, dass er selbst voller Buntheit und Lebendigkeit ist. Es ist eine freundliche Einladung, dort einzutreten, wo uns das Leben erwartet. Dort, wo das Leben fließt, werden auch wir aufblühen und uns am Leben erfreuen.

Schöpfung ist voller Liebe

Ein Rosenbogen führt in den Garten. Rote Rosen sind Bilder der Liebe. Wer durch diesen Rosenbogen eintritt, den erwartet die Liebe. „Ein verschlossener Garten ist meine Schwester Braut", singt das Hohelied (Hoheslied 4, 12). Die Schöpfung ist voller Liebe. In der Schöpfung umarmt uns der liebende Gott. Da strömt uns im wundersamen Duft der Blumen Gottes Liebesduft entgegen. Die Rose ist zugleich Symbol für die Verschwiegenheit. Wer eintritt in das Geheimnis von Gottes Liebe, der muss die Tür seines Mundes verschließen, der darf nicht ausplaudern, was er erlebt. Er muss die Liebe in sich eindringen lassen. Dann wird sie von selbst durch ihn hindurch strömen, ohne dass er davon reden muss.

Quellen des Lebens in mir

Wasser ist Leben. Es bahnt sich selbst den Weg. Es schafft sich aus den Felsen Tore, durch die es sich in die Ebene ergießen kann. Es möchte in mich einströmen, um mich zu befruchten, um in mir als Quelle zu fließen. Jesus verheißt dem, der an ihn glaubt, dass aus seinem Inneren „Ströme von lebendigem Wasser fließen" (Johannes 7, 38). Für Jesus ist der Glaube das Tor, durch das wir schreiten müssen, um mit dem Wasser des Lebens in Berührung zu kommen, damit es die Landschaft unseres Leibes und unserer Seele bewässern und befruchten kann.

MEDITATION

Mit allem eins sein

Tore verbinden den Kreuzgang mit dem Garten. So entsteht ein eigenartiges Kunstwerk. Die Mönche gehen schweigend und meditierend den Kreuzgang. Der Kreuzgang ist abgeschlossen, Klausur, für die Außenwelt unzugänglich. Und dennoch ist er offen. Tore öffnen den Blick in den Garten. Und die kunstvoll gestalteten Torbögen verweisen auf den Himmel. Der Bogen verbindet Himmel und Erde. Er wölbt sich über uns, damit in uns das Getrennte miteinander eins wird. Die Torbögen sind Bild für den milden Blick Gottes, der das Gegensätzliche und Widersprüchliche in uns mit gleicher Liebe anschaut. Unter diesem milden Blick Gottes dürfen wir unseren Weg abschreiten, den Weg durch den Kreuzgang, durch alle vier Himmelsrichtungen, durch alle Gegensätze dieser Welt hindurch zur Einheit aller Gegensätze, zu Gott, in dem wir mit allem eins werden.

MEDITATION

Geheimnis unseres Herzens

Bäume bilden ein Tor. Sie wölben ich über dem Weg. Durch die Bäume dringt das milde Herbstlicht. So gehen wir unsern Weg durch das Tor der Bäume, geschützt und zugleich geöffnet für das Geheimnis der Welt. Auf unserem Weg verdichtet sich die Welt. Da wird das Licht gebündelt. Es erzeugt eine eigenartige Atmosphäre. Da wechseln Licht und Schatten einander ab. Da sind manche Bäume noch grün und voller Leben. Bei anderen färben sich die Blätter und künden an, dass sie bald abfallen werden. Auf dem Weg liegen die verwelkten Blätter. Leben und Tod berühren sich auf unserem Weg. Und gerade diese Spannung zwischen Leben und Tod erzeugt die eigenartige Herbststimmung, die uns innerlich milde und still stimmt, die uns das Tor zum Geheimnis unseres Herzens öffnet.

Gelassenheit und Zuversicht

Der Bach im Lärchenwald im herbstlichen
Kleid erinnert an das Tor des Todes. Wir werden einsam durch das Tor unseres Todes
schreiten. Aber der Bach nimmt uns mit.
Das Wasser des Lebens fließt über das Tor
des Todes hinaus. Das Leben lässt sich nicht
töten. Es wird die Schwelle des Todes über-
schreiten. Und die herbstlichen Bäume
begleiten uns auf unserem Weg. Sie sind
die Verheißung, dass das Leben jenseits des
Todestores wieder aufblühen wird. Und sie
zeigen uns, dass auch die letzte Etappe unseres Weges von eigenartiger Schönheit geprägt
ist, von der Milde und Weisheit des Alters,
von der Stille und Gelassenheit eines Lebens,
das zu sterben bereit ist.

MEDITATION

Die Stille ist göttlich

Tore sind eine Verheißung, dass jemand kommen wird, um dort einzutreten. In der Adventszeit warten wir, dass Christus an der Tür unseres Herzens klopft, um bei uns einzutreten und mit uns Mahl zu halten. Wir müssen auch zu Hause sein, wenn er kommt. Sonst kommt er vergebens. Der Dezember lädt uns ein, in der Stille zu uns selbst zu kommen, bei uns daheim zu sein Nur dann kann Christus zu uns kommen als die Sonne, die alle Dunkelheit und Kälte vertreibt. Der Schnee ist unberührt, ohne die gehetzten Schritte unserer Betriebsamkeit. Nur die Bäume am Horizont zeigen uns den Weg, den Weg, der über uns hinausweist in eine andere Welt, in die Welt von Gottes leuchtender Herrlichkeit. An Weihnachten werden sich „die ewigen Pforten weiten und der Herr wird Einzug halten" (Liturgie der Weihnachtsvigil).

Anselm Grün inspiriert

Das kleine Buch der Engel
Wünsche, die von Herzen kommen
Band 7034

Das kleine Buch der Lebenslust
Band 7027

Das kleine Buch vom guten Leben
Band 7044

Das kleine Buch vom wahren Glück
Band 7007

Lass die Sorgen – sei im Einklang
Einfach leben
Band 7055

Vergiss das Beste nicht
Inspiration für jeden Tag
Band 5907

HERDER spektrum

Meister der Spiritualität

Mitchell Chefitz
Das Glück schaut um die Ecke
Weisheitsgeschichten
Band 7057

Dalai Lama / Howard C. Cutler
Glücksregeln für den Alltag
Band 5843

Anselm Grün
50 Engel für das Jahr
Ein Inspirationsbuch
Band 4902

Norbert Lechleitner
Auf den Flügeln des Glücks
Weisheit für die Westentasche
Band 7078

Kenneth S. Leong
Anleitung zum Glücklichsein
100 Zengeschichten für das neue
Jahrtausend
Band 7053

HERDER spektrum

Anthony de Mello
Weisheit kommt aus dem Herzen
Ein Lesebuch für Glückssucher
Band 6105

Anthony de Mello
Wie ein Fisch im Wasser
Anleitung zum Glücklichsein
Band 5664

Nossrat Peseschkian
Das Leben ist ein Paradies zu dem wir den
Schlüssel finden können
Band 7087

Nossrat Peseschkian
Es ist leicht, das Leben schwer zu
nehmen. Aber schwer, es leicht zu
nehmen / Klug ist jeder. Der eine vorher,
der andere nachher
Geschichten und Lebensweisheiten
Band 5790

Antoine de Saint-Exupéry
Über unserem Leben steht ein Stern
400 Seiten, Halbleinen mit Leseband
ISBN 978-3-451-29935-3

HERDER